El estado de cosas y la revolución

El estado de cosas y la revolución

Un presidente socialista

Humberto Gómez Sequeira-HuGóS

El estado de cosas y la revolución

Un presidente socialista

Copyright © 2023
Humberto Gómez Sequeira-HuGóS

ISBN: 9798869836717

Todos los derechos reservados.

HuGóS es el creador de las imágenes en la portada y en las páginas 4 y 12 de este libro.

Obra publicada por Humberto Gómez Sequeira-HuGóS en los Estados Unidos de América en el mes de noviembre del año *Sine Adventu Christi* 2023.

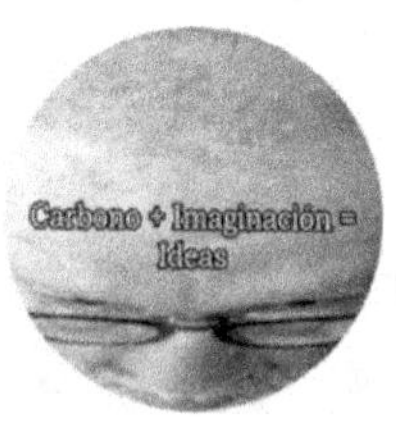

Dedicatoria

Para Roxanna Gómez Sequeira, mi hija, como ofrenda a ella, la niña sublime que sigue creciendo, ante mi admiración, a través de su heroica experiencia existencial.

Para María del Rosario Aguirre Durán, mi compañera de vida, en agradecimiento por las semillas de amor que planta en mi hipocampo.

Epígrafe

Mi propósito como un producto consciente de la evolución es mantener el fuego bajo la membrana receptiva, donde los pensamientos empiezan a gestarse, ardiendo al grado preciso para que imagen y significado puedan fusionarse. Cuando la fusión termine, la membrana se congelará y yo me convertiré en un pulso de imaginación atrapado en una de sus vesículas.

Tabla de Contenido

Prefacio x

Capítulo 1 13

El estado de cosas 13

Capítulo 2 34

La revolución 34

Epílogo 94

Un presidente socialista 94

Acerca del autor 105

Prefacio

El estado de cosas y la revolución es un ensayo sobre la crisis de la humanidad y la revolución como el modo en que ella puede resolverla. La pérdida de su conexión consigo misma durante su marcha forzada a través de la violenta y traumática evolución del capitalismo en su mente es la razón de su crisis.

El desarrollo de su conexión con su sentimiento fue la condición para la evolución del ser humano como el intérprete de sí mismo, su posición en el mundo y su transformación. La desconexión ha menoscabado la suficiencia para ser la agencia y el agente, el arquitecto y el ingeniero de su vida que el ser humano desarrolló luchando y evolucionando.

Desde la Revolución Industrial, la clase capitalista ha dinamitado la mente del ser humano para abrir en ella el espacio donde necesitaba instalar su máquina productora de ganancias y engaños: El combustible y propósito de la máquina son su libertad y su felicidad.

El ser humano aceptó a la máquina como un órgano de su cuerpo y elemento de su conciencia. Consecuentemente, sustituyó su conexión consigo mismo por su sumisión al dominio del Estado como la satisfacción de una necesidad de su existencia.

La máquina evolucionó y convirtió al ser humano en un electrodoméstico que no tiene conciencia de la necesidad de un yo con un propósito moral. El legislador creado por la máquina reemplazó el fin sentimental del ser humano por la frialdad del ánimo de lucro de la clase capitalista.

La revolución empezará a incubarse en la conciencia de la humanidad cuando ésta restablezca su conexión consigo misma, libre de Dios y del Estado, y recuerde el origen de su libertad como el instinto que desarrolló con su lucha para civilizarse en un mundo salvaje. La civilización está siendo corroída por las cabezas de guerra nuclear que administran el Estado capitalista.

Humberto Gómez Sequeira

Capítulo 1

El estado de cosas

La lucha de clases

El estado de cosas en el capitalismo es el resultado del modo de vida con que el ser humano cultiva su progreso o perecimiento. La conexión entre el ser humano, el capitalismo y el Estado produce la libertad y la esclavitud, la igualdad y la desigualdad, la justicia y la injusticia, el bienestar y la pobreza, el amor y el odio, y la paz y la guerra. Estos son los elementos definitivos y contradictorios de este estado en constante movimiento, el cual puede producir la revolución.

La sociedad se mueve estimulada por su conciencia de su estado como algo susceptible a la decadencia, la cual puede ser evitada sólo cambiando su modo de vida. La duración del acuerdo social que sostiene al estado de cosas depende del bienestar y la paz, que a su vez son producto de la igualdad y la justicia en la distribución de la riqueza social.

El estado de cosas se mueve de acuerdo con la lucha de las clases sociales entre sí para posesionarse de la riqueza social que necesitan para mantenerse, reproducirse y crecer.

Este movimiento es impulsado por la ley del capitalismo, lucha o muere, que determina la supervivencia como el resultado de la competencia que los competidores más fuertes ganan para eliminar a los más débiles.

El estado de cosas en el Estado se refleja en su tendencia hacia la civilización (la libertad, la igualdad y la justicia universal) o la barbarie, estimulado por lucha de clases y la reacción de la reacción de la burguesía.

La lucha de la burguesía

La relación que produce el estado de cosas sucede bajo la presión mortal generada por la lucha de la burguesía contra las demás clases para apropiarse la mayor parte de la riqueza social y de la oposición de estas para no ser consumidas.

La burguesía acumula riqueza para eliminar el poder de las demás clases, someterlas a su modo de vida, regirlas de acuerdo con su opinión y usarlas como carne de cañón en sus guerras contra sus enemigos.

El fin de la burguesía en su relación con las demás clases sociales no es resolver sus contradicciones con ellas, es decir, su egoísmo, avaricia, indiferencia y beligerancia, sino intensificarlas incrementando la desigualdad en todos los campos de la vida de la sociedad y sus instituciones.

La desigualdad social es la condición para la existencia de la burguesía y la constitución del Estado que la convierte en Estado de derecho. Esta conexión empodera a la burguesía para comprar el poder del Estado y convertirse en la conciencia de su política.

La injusticia de la inequidad es la presión que excava el agujero negro en la red mental, que sostiene la razón y la humanidad de la sociedad, en que caen los miembros que la burguesía desposee de su derecho a poseer la riqueza y el Estado desposeído de su poder para ser un justo bienhechor.

La lucha de la burguesía descompone el estado de cosas —que es sostenido por la libertad y la justicia y el bienestar y la paz— y, consecuentemente, empuja a la sociedad hacia la guerra y su destrucción.

La dictadura de la burguesía

La dictadura de la burguesía es la fuerza suprema del bien y del mal que entusiasma y deprime a la sociedad en el vaivén mortal del estado de cosas, que es estimulado por la anarquía en su perenne caza de ganancias.

La conciencia de la burguesía de sí misma como el ama y de la sociedad como su esclava es el modelo que sigue el capitalismo, el Estado, la política, la fe y la libertad enmarcada en la Constitución. La burguesía dicta el contrato de trabajo y renta que produce la ganancia con que crea su poder, el cual es el cetro de oro con cuyo brillo cautiva a las demás clases y las corrompe con sus vicios.

La desmoralización de la sociedad es el alimento que habilita a la burguesía para imponerse como la conciencia del Estado, madre de la patria y dictadora de su identidad, orgullo y entusiasmo por la guerra. La burguesía consume a la sociedad como su presa para mantener su instinto vivo, sus ganancias crecientes y su dominio inconmovible, usando la democracia como la legisladora de su dictadura constitucional.

La dictadura se adecúa a la burguesía como el precio a la ganancia, la cual sigue empujando al ser humano hacia la animalización.

La involución del ser humano es la consecuencia de su modo de vida dictado por la burguesía como la clase social que depreda su elemento y corrompe su conciencia.

La sociedad puede evitar su extinción sólo si revoluciona su conciencia de sí misma y razón de ser, y se libera de la adicción al modo de vida inmoral y ruinoso que la burguesía le ha enseñado.

La política del Estado

La política del Estado es la imposición a la sociedad de su garantía del derecho de la burguesía a apropiarse de los medios de producción y de la riqueza social. Este es el *zoon politikon* que la burguesía domesticó infundiéndole su ánimo de lucro y seduciéndole con su estilo de vida opulentamente inútil.

La opinión de la burguesía es el espíritu de la política estatal y el falso evangelio que sus legisladores predican a la clase trabajadora:

- La burguesía es la razón de ser de la sociedad o el diluvio.
- El capitalismo es la condición para la libertad, igualdad y progreso para todos.
- La riqueza pertenece a la burguesía porque ella invierte un valor superior al de la vida que la clase trabajadora contribuye a su creación.

La fuente del ánimo de la burguesía es su instinto avaro, el cual está enraizado en la

Constitución como la Ley de la propiedad privada sobre los medios de producción y el salario mínimo.

Dichas leyes son los pilares del Estado y el orden del mercado, donde mantiene a la sociedad atrapada como la presa de la burguesía que la incita a consumir, endeudarse, corromperse, deshumanizarse y destruirse.

La política del Estado es el instrumento con que la burguesía impone su privilegio a la sociedad y la convierte en la materia prima con que construye su dictadura y la carne de cañón con que hace la guerra contra sus enemigos.

La democracia

La democracia es una etapa en la lucha de la burguesía contra las demás clases sociales para eliminarlas de la distribución de la riqueza y del poder del Estado y así mantener su dictadura sobre ellas.

El "Gobierno del Pueblo" es un producto de la dictadura de la burguesía adecuado al capitalismo y sus leyes: la propiedad privada sobre los medios de producción, la libertad de explotación, el salario mínimo y la ganancia.

La democracia funciona como el analgésico para el dolor de cabeza causado por la presión producida por la fuerza con que la burguesía explota a la sociedad y saquea su riqueza. El Estado administra el medicamento a las víctimas de la burguesía —las clases desiguales y empobrecidas— como el mecanismo con que controla su trauma, conciencia, identidad y propósito social.

Como un psico-cirujano demócrata, el Estado remueve la conciencia de clase de los esclavos, disuelve el antagonismo entre ellos y los amos en la tinta de la declaración de igualdad en la Constitución y los conforma a la ley y el orden de la esclavitud.

Los partidos políticos de la derecha e izquierda ordenan a los esclavos asalariados bajo su programa de ajuste psicológico a la dictadura de los amos y los dirigen hacia el centro de votación, donde se congregan con los amos como creyentes que pertenecen a la misma religión llamada capitalismo.

La ilusión de igualdad con los amos estimula a los esclavos a votar, renunciando a su libertad y su justicia. Así ratifican su condición de esclavos libres de vender su energía a los amos. Estos también son libres de comprarla como un derecho que la democracia garantiza a ambos.

La mentira de que la producción es el resultado de la igualdad entre los amos y esclavos es la base moral del mercado, donde los esclavos compran los bienes que producen como propiedad privada de los amos por un precio superior al salario y el valor de la vida que invirtieron trabajando para producirlos.

La democracia es un sistema penitenciario conforme con la desigualdad de los esclavos y la justicia de los amos, cuyo fin es reprimir el sufrimiento y la rebelión de los esclavos.

El clima

El clima en que la sociedad realiza su actividad afecta su salud y, consecuentemente, su capacidad para entender que puede mantenerlo o destruirlo con su modo de vida racional o irracional.

La burguesía envenena el medioambiente —el nido donde la vida se engendra— con su furioso egoísmo y los deshechos que expulsa la máquina procesadora de su avaricia sobre tierra, océano y aire, constantemente.

La mente —el refugio de los miembros de la sociedad para reflexionar sobre el estado de su evolución— es perturbada por el ruido psicológico del megáfono con que la burguesía fusiona la mentira con la verdad y la corrupción con la honestidad para mantener su dominio íntegro. El ruido impulsa a la sociedad a consumir, enviciarse, brutalizarse y destruirse para la gloria del mercado de consumo.

Los programadores digitales de la burguesía han convertido a los miembros de la sociedad en los objetivos de los algoritmos comerciales que los persiguen en el Internet para enlazarlos a sus productos y estimular su adicción al consumo como una droga digital.

La constante aplicación de choques económicos (inflación y depresión) y políticos (represión de la igualdad social y la disensión) a la mente de la sociedad por el Estado produce el clima que envuelve a sus miembros en la euforia y el miedo que los impulsa hacia la violencia y la destrucción.

La burguesía ha convertido su ánimo de lucro en el clima emocional que estimula a la sociedad a imitarla y la condición para el logro del bienestar.

La burguesía ha transformado su ganancia en la *cosa sacra,* que es el elemento predominante del clima social preservado por el Estado con la ley y el orden del hambre.

El clima cultural de libertad —que es necesario para el crecimiento filosófico de la humanidad— ha sido sustituido por el mercado, donde crecen la ganancia, el empobrecimiento y la desigualdad social.

La salud del ser humano, que es el efecto de su interacción con la pureza de su elemento, es intoxicada diariamente por los mercaderes de los artículos de la guerra y la paz.

La guerra

La guerra es la condición para la existencia de la paz en el capitalismo.

Los *mercaderes de la muerte* han convertido la guerra en un producto patriótico manufacturado por el Estado, el cual es la fuente de sus ganancias sanguinarias.

El precio que el Estado paga a los dueños de la industria de guerra por el mantenimiento de su ejército consume el presupuesto público social, crea la miseria y empuja a la sociedad hacia el colapso.

El Estado es el agente de venta de armas del *complejo industrial-militar* que también arma a la burguesía con la legislación y el presupuesto que diseña como su abogado y subsidiario para que continúe siendo el modelo moral de la política pública.

Desde su posición de comandante en jefe ideológico del Estado, la burguesía imperialista de los Estados Unidos hace la guerra contra las demás clases en su país y las burguesías de otros países para reducir su poder en la lucha por la apropiación de la riqueza.

La guerra continúa siendo el movimiento telúrico, latente en la ganancia, con que la burguesía derrumba el poder de sus enemigos y reajusta la economía y la política de acuerdo con su fin que es la justificación de su medio.

El estado del ser humano

El estado del ser humano es determinado por su conexión consigo mismo y su habilidad para mantenerla como la condición para poder entender qué debe hacer para asegurar su bienestar, crecimiento y paz. Esta debe ser también la única justificación de su conexión con el Estado.

El estado de cosas descansa sobre la mente del ser humano, quien es la fuente de la energía que da vida al Estado, el cual controla su ánimo como una cosa del dominio de la burguesía.

Esta mente humana poderosa y frágil es afectada por la alteración de su situación, la cual es causada por el impacto de la incesante lucha de la burguesía para mantener la economía y el Estado bajo su control.

El Estado que circunscribe la vida del ser humano a la obediencia de las leyes burguesas ha sustituido su conciencia de sí mismo, su propósito y poder de determinación por la falsa conciencia de que su relación con la burguesía es una práctica de la libertad, igualdad y justicia.

El vínculo del ser humano con el Estado suprime su identidad, reduce su poder y es la causa de su insuficiencia para funcionar como su agencia y agente en la creación de un Estado propio y autónomo, que sea el vehículo de su libertad, justicia y progreso.

El estado del ser humano es crítico porque ignora que es el prisionero necesario de la conexión indispensable entre la burguesía y el Estado, y que este es un problema de vida o muerte que necesita resolver con el poder político que ha entregado a los partidos burgueses.

El ser humano necesita progresar en su conocimiento de sí mismo como el elemento cognitivo del universo y aplicarlo a la construcción de un modo de vida y gobierno adecuado a su fin, es decir, mantener su humanidad y reinventar continuamente su civilización estelar.

El progreso

El progreso debe ser integral, social y continuo para satisfacer la necesidad de la sociedad de preservar su humanidad.

El crecimiento filosófico y moral es la única fuerza con que la sociedad puede contrarrestar el empuje del capitalismo hacia su destrucción. Esta evolución no es generada por el actual estado de cosas —la conexión entre la burguesía, el Estado y el lucro— ni está implícito en el valor del producto nacional bruto. La mancomunidad del capital privado con la política pública no tiene como fin el bienestar, el gozo y la paz del ser humano.

En el capitalismo, el Estado determina el progreso con base en la cantidad de riqueza que la burguesía se apropia como el resultado de su lucha para reprimir el avance de las demás clases sociales, especialmente de la clase trabajadora. El ordenador del capitalismo no puede producir progreso social porque promueve el retroceso social. Él es el guardián de la frontera de la desigualdad social que protege a la burguesía con la fuerza del derecho que se ha arrogado.

El propósito del Estado es facilitar a la burguesía la obtención de lucro convirtiendo su avaricia, corrupción, estupidez y beligerancia en la política con que empuja a la sociedad hacia el desempleo, el hambre, la guerra y el colapso.

El progreso humano puede ser creado sólo por la sociedad trabajadora que produce su riqueza. Para ello, es necesario que revolucione su conciencia de sí misma; se dé cuenta de que la burguesía está creando su retraso con el *martillo de Thor* del Estado; se arranque el cordón umbilical patriótico con que el Estado la subordina a la dictadura de la burguesía; derroque el estado de cosas que genera su decadencia; y resuelva su crisis como un efecto de su falta de poder sobre el Estado.

El espíritu del progreso humano son los valores —libertad, igualdad y justicia— que la burguesía destruye como *la condición sine qua non* para la existencia de su dictadura de desigualdad, salario, precio y ganancia.

El actual estado de cosas es el efecto de la fuerza de la corrupción con que la burguesía seduce la conciencia del Estado y lo convierte en el medio (la moral pública) con que justifica su fin.

El fin moral del Estado es la satisfacción de la burguesía con el estado de su dominio sobre la sociedad y sus ganancias.

El progreso social es minado por el Estado para poder funcionar como el agente promotor de la avaricia y el ejecutor de la ira de la burguesía.

Capítulo 2

La revolución

La burguesía

La burguesía revoluciona la producción y el modo de vida de la sociedad para aumentar sus ganancias y su dominio sobre la conciencia y el propósito existencial de la sociedad y del Estado como su ordenador. Armada de la ley de la propiedad privada de los medios de producción (ley burguesa) y la fe en su derecho por parte de las demás clases, la burguesía roba la riqueza de la sociedad producida por la clase trabajadora. Este asalto ha sido convertido en el modelo superior de poder, fama y fortuna en la historia de las clases dominantes por los legisladores, generales y altos sacerdotes de la burguesía.

La sugestión de la superioridad social de la burguesía influencia la conciencia de sí mismas de las clases dominadas, quienes se relacionan con ella como el símbolo del desarrollo y orgullo nacional que imitan y por el que matan y mueren en las guerras de la burguesía contra sus enemigos.

La ley burguesa, que es producto de la lucha de la burguesía para mantener a las demás clases en un estado de creciente desposesión, es la justificación del Estado que la aplica como el orden de la desigualdad que representa y la justicia necesaria para la preservación de la burguesía como la clase social dominante de la sociedad.

El robo de la riqueza social es la *raison d'être* de la burguesía y su incremento es la condición de su poder para comprar *el cetro del Estado*, el cual necesita usar en su lucha contra las demás clases para derrotarlas e imponer la marca del siervo sobre su frente. El control de la sociedad y la distribución de su riqueza produce la droga que anima la conciencia de superioridad sin la que la burguesía no puede existir.

La condición social para el funcionamiento de la conciencia de la burguesía es la existencia de su antítesis: la clase trabajadora. La burguesía suprime el derecho de las personas trabajadoras a posesionarse de la riqueza que producen y las mantiene en un estado de derrota mantenido por el desempleo, el hambre, la enfermedad, el sufrimiento, la confusión y el temor a la ira del Estado.

La sociedad y naturaleza son los objetos del deseo de lucro de la burguesía, quien explota a su clase trabajadora y tala sus bosques hasta que ha extraído el último centavo de ganancia, bajo la protección fiel y agresiva del Estado. Su función en la sociedad es la de un predador en constante busca de presa, cuyo alimento es la energía que extrae del cuerpo de la clase trabajadora en el proceso de producción o extracción de riqueza de la naturaleza.

La burguesía está devorando a la humanidad y quemando la naturaleza con indiferencia al sufrimiento que causa. Su respuesta a la crisis social es incrementar sus ganancias e incitar al Estado a que reprima a sus enemigos y aumente el presupuesto de guerra.

La represión, el golpe de Estado y la guerra civil son las condiciones latentes en el contrato de desigualdad y renta que la burguesía impone a la sociedad como un señor feudal insaciable e irascible. Su fin es mantener a la sociedad esclavizada al capitalismo y sus secuelas —idiotismo, consumismo, enfermedad, miseria y guerra—, usando al Estado y a la Iglesia como sus fuerzas de orden y confesión.

El capitalismo, el Estado y la burguesía comparten el cordón umbilical histórico que los conecta al feudalismo, el cual es parte de la genealogía y psicología de clase de la burguesía. El espíritu del señor feudal —compuesto por ignorancia, avaricia, opulencia, odio y brutalidad— impulsa a la burguesía a convertirse en una clase autocrática enemiga de la libertad, igualdad y progreso social.

La clase de los ladrones de los recursos de la sociedad mantiene vivo su instinto de depredador de la humanidad y naturaleza, luchando permanentemente contra las demás clases para mantenerlas, confundidas, divididas y sometidas a su opinión y propósito existencial con la fuerza del Estado y de la Iglesia. Ondeando la bandera de sus valores —egoísmo, lucro y mentira— y vestida de patriota filántropo la burguesía deshumaniza a la sociedad y la empuja hacia el colapso.

La burguesía no puede ser o hacer nada que contradiga su naturaleza y debilite su poder para estar en la posición adecuada a la función que necesita ejercer en el mundo. Después de que derrocó al feudalismo, la burguesía se convirtió en una clase contrarrevolucionaria.

El capitalismo

El capitalismo es el modo de vida que produce la explotación de la clase trabajadora por la clase capitalista. Esta lo vende a la sociedad como una mercancía "diseñada de acuerdo con sus necesidades humanas y para satisfacerlas". Los apologistas de la mentira llamada *libre empresa* dicen que dicha mercancía es un producto de la libertad en que late el ánimo de lucro que estimula a la sociedad a alcanzar sus propósitos.

La piedra angular sobre la que este sistema se balancea —entre la crisis y el colapso, la paz y la guerra— es la propiedad privada de los medios de producción de la sociedad. La clase capitalista reclama esta propiedad con su derecho de vencedora de la guerra constante que hace, con el apoyo del Estado, contra las demás clases sociales para mantenerlas derrotadas a través de sus generaciones.

Inspirado por la fe en el capitalismo de los legisladores, jueces y generales, el Estado reconoce el derecho capitalista como el principio de la ley y el orden que impone a las demás clases sociales para mantenerlas comulgando con la moral del lucro.

La condición para la existencia del capitalismo, como el orden de la lucha de las clases sociales entre sí por la posesión de la riqueza que necesitan para sobrevivir, es la desigualdad social. Esta condición es el resultado de la apropiación de la mayor parte de la riqueza por la clase capitalista como su propiedad privada.

La desigualdad social es la frontera del capitalismo que el Estado guarda para asegurar la existencia de la clase capitalista como el modelo de dominio que las demás clases sociales necesitan admirar y temer.

La razón absoluta del capitalismo es la producción de ganancias para la burguesía — sin la intervención restrictiva del Estado— hasta que la sociedad colapsa bajo el peso opresor de su avaricia.

La energía humana que la máquina del capitalismo requiere para funcionar es vendida a la clase capitalista por la clase trabajadora por un salario que es parte de la riqueza que produce. Este "salario mínimo" —cuya intención es minimizar el valor de la vida de la clase trabajadora en la apreciación del valor de la producción— es determinado por la clase capitalista y legalizado por el Estado como su derecho.

La clase capitalista desclasó a la clase trabajadora como resultado de su victoria en la guerra que sigue haciendo contra ella para mantener el nervio de su oposición muerto y ajustarla como un tornillo a su máquina de producción de ganancias.

La clase trabajadora fue expropiada de su conciencia, identidad y organización de clase por los gobiernos de derecha e izquierda de la clase capitalista con entusiasmo y la fuerza represora del Estado.

El capitalismo es un injerto violento en la mente de la clase trabajadora que la corrompe y mata. Sin embargo, esta lo mantiene como un objeto de necesidad que ha absorbido su voluntad. Las personas trabajadoras son parte de la máquina capitalista que produce su sentido de existencia, utilidad y significado en la vida. La relación suicida de la clase trabajadora con el capitalismo se revela en su participación —como carne de cañón— en la guerra que la clase capitalista hace contra sus enemigos para eliminarlos como competidores en la lucha por la posesión de la riqueza.

El capitalismo, como el estilo de vida opulento modelado por la burguesía, también ha absorbido al Estado y lo ha convertido en la máquina que produce sus leyes. El fin del Estado es mantener a la clase trabajadora en un estado de conformidad con la renta que paga por trabajar, vivir y morir en el campo de concentración de la clase capitalista, llamado mercado libre, consumida por la ilusión de que es "su país".

El Estado

El Estado es la forma de organización de la burguesía, resultante de la derrota de las demás clases sociales en la lucha por la posesión de los medios de producción y la riqueza de la sociedad.

La razón del Estado es el derecho que la burguesía se arroga como la propietaria de los medios de producción y controladora de la riqueza, los cuales son los instrumentos que la sociedad necesita usar para crear su sustento y progresar.

La opinión de la burguesía es la ley que el Estado con su fuerza armada impone como el factor necesario para el orden de las clases en la pirámide social, cuya cúspide es la cabeza egoísta, ávara y beligerante de los *dueños de la tierra y del capital*.

La burguesía usa el Estado como el *martillo de Thor* para imponer el capitalismo como el modo de vida adecuado a su fin, es decir, el incesante aumento de sus ganancias a costa de la desposesión y extinción de las demás clases.

La función del Estado no es servir de guía altruista a la sociedad ni protegerla de las enfermedades del capitalismo, las cuales son los incentivos de los dueños del billonario negocio llamado la *Gran Farmacia*. Al contrario, el Estado es el Dios en que la burguesía confía porque le sirve como su legislador, juez y soldado. Este es el poder que la protege de la rebelión de los esclavos, desposeídos y desiguales, de la propiedad privada de los medios de producción y el salario mínimo, ejecutando su ira contra ellos para mantenerlos sometidos a su dominio.

Mantener a la burguesía en su trono dorado de clase privilegiada y garantizar su libertad como su derecho de propietaria absoluta de los recursos de la sociedad es el fin del Estado. Su relación con las clases dominadas por la burguesía es controlada por su condición de súbdito del capital y es la misma que la del guardia del banco encargado de vigilar a la clientela y arrestarla si perturba el proceso normal del robo ejecutado por el banquero.

El Estado no es libre ni igualitario. Sus fundamentos son la propiedad privada de los medios de producción y la desigualdad, que son los genes sociales que determinan la existencia de la burguesía. La libertad del Estado es la doctrina de la *libre empresa*, un arma con que la burguesía controla la economía y convence a las demás clases de que su libertad es igual a la de ellas. El fin de esta doctrina es justificar la extracción de una ganancia en un mercado sostenido por esclavas y esclavos que venden su trabajo a la burguesía a cambio de un salario diseñado para mantener su desigualdad social.

Por consiguiente, el Estado contradice la libertad como un derecho natural del ser humano a participar de la riqueza social para vivir y progresar en un estado de igualdad social sin una clase social que se arrogue el derecho de propietaria de la riqueza social. Asimismo, el Estado contradice la igualdad como una condición natural del ser humano que se puede realizar sólo en conjunción con la libertad del Estado mismo.

La sociedad comenzará a resolver la contradicción del Estado con su naturaleza humana e interés social cuando rompa su relación ilusoria con él como su protector y la burguesía como su compatriota. Esta ruptura será la consecuencia de la liberación de la sociedad de la ilusión de la libertad de tarjeta de crédito que la burguesía vende a la sociedad con un contrato y castigo impuesto por el Estado. Sólo de esta manera es que la sociedad puede darse cuenta de que -en la realidad económica, política, militar y psicológica controlada por la burguesía- ella es la esclava y la burguesía es la dueña del contrato de su esclavitud, de su vida y muerte.

El desarrollo de esta conciencia del Estado como el fusil de la burguesía es la condición que la sociedad necesita satisfacer para poder desarmar a la burguesía, revolucionar el Estado y revertir el proceso de su decadencia. La evolución ideológica de esta revolución depende de la capacidad de la sociedad de tratar al Estado como el objeto de su cuestionamiento permanente hasta el día en que se den las condiciones para su eliminación.

La burguesía ha tomado posesión del Estado por medio de la conversión de su inutilidad social y modo de vida corrupto en objetos de placer deseables con que cautiva el ánimo de las demás clases —legisladores, generales, jueces, intelectuales, sacerdotes y escoria— que actúan como los espejos que reflejan su corrupción. La sociedad debe cambiar la función de este aparato político, juez y verdugo, de la burguesía por la de vehículo organizativo manejado por la sociedad en todos los campos de su funcionamiento.

La razón de ser del Estado debe ser la sociedad y su necesidad de poseer un instrumento organizativo conforme con su libertad, con el cual pueda continuar su evolución como especie humana, asegurando el bienestar, la justicia, la igualdad y la libertad como las condiciones para el progreso social. Este objetivo puede ser logrado por la sociedad sólo si ésta mantiene su conciencia de que el Gobierno no es su sustituto y corta el cordón umbilical de corrupción, por medio del cual la burguesía dicta su política.

La sociedad debe usar al Estado como un instrumento transformable de su lucha para recuperar al Estado mismo y usarlo para resolver la desigualdad, la injusticia, el hambre y la decadencia.

Este es el primer paso que la sociedad necesita dar hacia la recuperación de su condición humana como la razón de ser del

Estado y la eliminación del capitalismo, el sistema de explotación para obtener ganancias con que la burguesía invierte en la corrupción del Estado y la sociedad. Sólo así la sociedad podrá desarraigar de su seno la lucha de clases y la guerra, las fuerzas que la empujan hacia su extinción.

El Estado debe ser la vanguardia de la sociedad en su lucha por desarrollar la equidad como la fuerza de su humanidad que inspire, unifique y proteja a todos sus miembros. Este ideal debe ser sustentado por la conciencia de la sociedad de que su humanidad es una condición susceptible de degeneración.

La conciencia del Estado sigue perdiendo su carácter humano a medida que aumenta la corrupción de la burguesía, que la mantiene atrapada en las fauces de su codicia.

El placer de la copulación entre el Gobierno y la burguesía produce la política pública con que el Estado desarrolla la desigualdad social que causa la desestructuración de las demás clases sociales, su segregación y enfermedades que las convierten en agentes de su propia destrucción.

La libertad

La libertad es el instinto esencial que la especie humana transformó en derecho de ser y estar en el mundo a través del proceso de su lucha por su supervivencia y evolución en *Homo sapiens* y ser social.

El Estado mantiene este derecho humano natural de las clases desposeídas por la burguesía capturado en su Constitución, debajo de la ley de la propiedad privada de los medios de producción y el salario mínimo.

El motor del desarrollo de la sociedad es la libertad y su combustible son las ideas que estimulan su conciencia de sí misma como un objeto —temporal, frágil y susceptible a la corrupción—, cuya existencia depende de su poder de transformación en un proceso continuo de civilización, impulsado por su crecimiento filosófico.

La libertad puede ser el valor de una revolución sólo si el proletariado y las demás clases que son sometidas por el Estado al tridente del dominio de la burguesía (salario, precio y ganancia) la usan como el instrumento para la construcción de una sociedad que se gobierna con la igualdad y justicia social como la práctica de su razón y moral.

La *libre empresa* es el medio por el que la burguesía impone su derecho a explotar los recursos de la sociedad y robar su riqueza. Esta no es la libertad social engendrada por la igualdad social, la cual es la condición de la justicia social.

La libertad de la burguesía es el poder que desarrolló luchando contra las demás clases sociales para desposeerlas, quemar su conciencia de clase y convertirlas en esclavas, imprimiendo su marca, *libre empresa*, en su frente.

La autonomía de la burguesía y la protección de su poder es el propósito del Estado y el espíritu de su política. Este estado de cosas es aceptado por las clases desposeídas como la representación de su interés social, poniendo así la libertad de la burguesía en la misma balanza moral de su esclavitud.

El derecho social —cuya raíz es la libertad natural del ser humano— no puede ejercerse sin la socialización de los medios de producción, que son patrimonio social y condición para la práctica de la igualdad social.

En el capitalismo, la libertad y el derecho son cosas que se obtienen en el *Templo de la Justicia* del Estado como reconocimiento del poder de clase. La burguesía impone su poder como la bandera de su superioridad moral, izándola sobre la frente de la sociedad.

La libertad de explotar a un ser humano y el derecho de robarse la riqueza que produce son los componentes de la moral burguesa que las demás clases aceptan como el modelo de su aspiración social. Esta es la razón de su sumisión a la burguesía y su fin, es decir, la acumulación de riqueza y poder político para vivir como una clase depredadora sin utilidad social en la esterilidad de la opulencia.

La raíz del valor de la libertad es la justicia y el bienestar social que el Estado no puede garantizar por ser el abogado del derecho de la burguesía, subsidiario del costo de su gula de ganancias y ejecutor de su ira. Esta conexión convierte al Estado en el enemigo de la libertad, que es la condición de la revolución y su evolución a través de la conciencia social de las nuevas generaciones, emancipadas por fin del virus de la doctrina de *libre empresa*.

La sociedad necesita preservar su libertad natural, la cual es una preciosa joya de su evolución, de la deshumanización causada por la depredación de la burguesía con el respaldo de la brutalidad del Estado.

La especie humana tiene que hacer la revolución para mudar el modo de vida que la burguesía le vende como el producto de su libertad y búsqueda de su felicidad. Para evitar su extinción, los descendientes de *Homo sapiens* necesitan recuperar su libertad natural y constituirla como el instrumento de su organización social con que construir el próximo estado de su evolución: Un ser humano filósofo sin la cabeza ignorante, egoísta y beligerante del Estado burgués.

La moral

La moral en el capitalismo es todo lo que la burguesía juzga adecuado a su modo de vida de parásito social libre del bien y del mal. Esta clase social modela la conciencia de la sociedad vendiéndole mentira como verdad, desigualdad como igualdad y esclavitud como libertad.

La burguesía vive de la explotación de la clase trabajadora y el robo de la riqueza que produce con su trabajo, de la cual depende la vida de la sociedad. Su función es sustentada por el Estado como un valor nacional y la condición indispensable para la existencia del *mercado libre* y la admiración de las clases desposeídas.

La libertad moral de la burguesía resulta de su arraigo en la conciencia del Estado. Los agentes políticos de la conciencia de la *libre empresa* han convertido el Estado en el basurero del estilo de vida de la burguesía, donde reciclan su inmoralidad como buena política pública. De esta manera, la clase de los banqueros ha sustituido la conciencia del

Estado por su opinión y eliminado la diferencia entre la verdad y la mentira, y la honradez y la corrupción.

El Estado ha intoxicado la verdad, el terreno donde crece la moral como el efecto de la conducta del ser social, estimulado por su conciencia del bienestar social. Esta clase de conducta puede ser creada sólo por una sociedad libre, arraigada en la igualdad y la justicia social.

La moral social no es una cosa que puede ser diseñada con ideología o imponerse con política. Tampoco puede ser inyectada en las venas de la conciencia de la sociedad de sí misma como el sujeto moral. El bien y el mal son productos de la interacción social de los seres humanos que determinan la continuación de su evolución o perdición.

Capturado por la ansiedad —causada por la lucha por la supervivencia en el capitalismo—, el ser humano ha sido desposeído de su libertad, identidad, sentido y moral por la burguesía. Sin estos instrumentos, que son los componentes de su poder, el sujeto de la civilización se ha convertido en el aparato consumidor que sostiene al mercado capitalista a costa de su deshumanización. Para evitar su extinción como la consecuencia de su descomposición moral —a través de su interacción con la burguesía—, la sociedad debe terminar su relación con la clase transmisora del virus de la corrupción.

La crítica de su conciencia de su ser y su propósito moral es el instrumento con que la sociedad puede liberarse de su estado de objeto automatizado y confundido en el capitalismo. Esta es la única manera en que podrá ver que el principio, *el fin justifica los medios*, y su aplicación —mentira, competencia y lucro— están enraizados en su conciencia y han paralizado su voluntad para cambiarla.

La sociedad puede realizar su liberación sólo si hace una revolución moral que desentrañe de su conciencia las condiciones que la incitan a corromperse, enfermarse y destruirse. La clase social inmoral (la burguesía) y su sistema de lucro (el capitalismo) son las fuerzas que inducen a la humanidad a consumir destruyendo su elemento hasta el colapso.

La fuerza social de la revolución moral puede ser la clase social productora de la riqueza social que la burguesía roba como la práctica de su derecho de propietaria de los medios de producción robados a la sociedad con el patrocinio del Estado. La clase trabajadora debe organizarse en un partido político —armado con verdad, libertad, igualdad y justicia— para motivar a la sociedad a luchar por la recuperación de la moral social, el Estado y los medios de producción para reorganizar su modo de vida. Esta es la condición para desarraigar la mentira y corrupción con que la burguesía ha modelado la conciencia y estilo de vida de la sociedad.

La humanidad del ser que constituye la sociedad debe ser la fuente del material —sensibilidad, concepto, visión, creatividad y moral— de que esté hecho su gobierno. Y la revolución el método racional para mantener su humanidad como su *raison d'être* y la moral como la justificación de su modo de vida, el cual es el motor de su evolución o destrucción.

Por lo contrario, la reacción de la burguesía ante la crisis social que causa seguirá siendo aplicada a la sociedad por el Estado como la fuerza opuesta al cambio social, reprimiendo y despojando al resto de las clases sociales de su libertad natural y derecho a vivir en bienestar en una atmósfera de moralidad natural y seguridad humana.

El Estado es el juez y ejecutor de la moral con que los llamados libre empresarios justifican la explotación de la clase trabajadora y el robo de la riqueza social que produce como una acción separada de la del predador que devora a su presa por una constitución y religión.

La clase trabajadora

La clase trabajadora es la productora de la riqueza social que la burguesía se apropia, como la práctica de su derecho y libertad de propietaria privada de los medios de producción que robó a la sociedad con el patrocinio del Estado.

En el capitalismo, los productores venden a la burguesía la energía que necesita para prender su máquina de producción de plusvalía. Los términos del contrato de esta venta son impuestos por el Estado por medio de la ley que garantiza el derecho de propiedad privada de la burguesía sobre los medios de producción social y el salario mínimo. Este sueldo es determinado por la burguesía y lo impone a la clase trabajadora como el valor de su vida.

En el proceso de producción de la riqueza social y las leyes que controlan su distribución, la clase de los desposeídos ocupa el puesto de la derrota que la burguesía le infligió durante su lucha para imponer su derecho individual sobre el derecho social como el modelo de la libertad y justicia impuesto por el Estado.

El derecho natural de la clase trabajadora a poseer la justa parte de la riqueza social que produce es negado y atacado por la burguesía y el Estado como *ilegal*, armados con las leyes de la propiedad privada de los medios de producción social y el salario mínimo. Esta negación es la consecuencia de la desposesión de la clase trabajadora de su humanidad como la raíz de su derecho a poseer y administrar todo su elemento: natural, social y político. La desposesión es la espada de doble filo con que la burguesía obliga a las personas que desposee a venderle el plasma con que alimenta su máquina de producción de plusvalía por un precio basado en la minimización del valor de su vida y que es el eslabón de su esclavitud.

El estado de derrota de la clase trabajadora —en su relación con la burguesía y el Estado— es resultado de la pérdida de su conciencia de clase y fuerza social en el capitalismo: el campo donde los despojados tienen que luchar contra su despojador, armados desigualmente, por el sustento que determina su supervivencia.

La conciencia de las personas trabajadoras de sí mismas como una clase propia en la historia de la sociedad —libre y autónoma y con valor humano y utilidad social— ha sido disuelta en la conciencia de la burguesía por sus agentes. Los líderes de los partidos políticos y sindicatos blancos de la *libre empresa* las han desclasado y convertido en ciudadanas iguales a la burguesía en la tinta y el papel de la Constitución y alineado frente al Estado para que voten por su *libertad de ser desiguales* y derecho a hacer la guerra para defenderla.

La disolución de la fuerza de la clase trabajadora en el capitalismo ha fortalecido a la burguesía, que la deshumaniza y consume como una mercancía en el *mercado libre*, sin alma ni moral.

La burguesía es indiferente a la humanidad y valor de la clase productora de la riqueza social. Este es el instrumento psicológico de su conciencia de su poder con que elimina la dignidad de la persona trabajadora y la somete a su yugo.

La explotación del cuerpo y de la mente de la clase trabajadora es el motivo y fin de la relación de la burguesía con ella. Este crimen de *libre empresa* sucede no como el producto de un *libre acuerdo* de solidaridad ciudadana entre el explotador y el explotado, sino como la consecuencia del estado de derrota en que se encuentra el explotado, bajo la supervisión del Estado.

Sin conciencia de sí mismas como una clase social útil en peligro de extinción, las personas trabajadoras no pueden ver que su ruina es producida por la crisis del capitalismo ni identificar a la burguesía como la clase social que causa la inseguridad social con su avaricia e inmoralidad. Además, sin un partido que sea la organización y manifestación política de su conciencia y propósito social, la clase de los desposeídos y desiguales no puede luchar contra la burguesía y obligarla a cambiar la relación desigual e injusta que les impone con el cetro del Estado.

La clase trabajadora está decayendo como consecuencia de la disolución de su poder en la Constitución del Estado, que es el agente del poder de la burguesía. El aspecto más urgente de su estado es la progresiva pérdida de su humanidad desde que fue derrotada y sometida a la automatización y mercantilización, las condiciones para su existencia bajo la dictadura de la burguesía. La única forma en que puede contener su extinción es recuperando su valor y superando la fuerza de la burguesía por medio del desarrollo de su conocimiento de la causa de su crisis existencial, traducido en un programa de lucha contra sus explotadores para eliminar la desposesión, desigualdad e injusticia como los términos del contrato social que han convertido en un título de propiedad de esclavos.

Las verdades

La clase trabajadora se ha rebelado contra la dictadura de la burguesía, pero no ha hecho la revolución social porque no ha dirigido su rebelión como un acto estimulado por su conciencia de las verdades que quiere cambiar por el sentimiento de humanidad como la condición de la libertad, igualdad y justicia. Asimismo, porque ha sido derrotada por líderes que se han corrupto consumiendo la droga de la ambición de la burguesía e infectado su conciencia con sus vicios.

1. Los medios de producción

Los medios de producción son parte del patrimonio de la sociedad que trabaja para construirlos y mantenerlos. Por consiguiente, su uso debe estar sujeto a la moral que emana de la creación de riqueza social para sustentar el bienestar social.

La burguesía se apropió dichos medios como su botín, después de haber derrotado a las demás clases sociales en la guerra por la imposición de la base económica de la sociedad y su modo de vida. La conversión de su botín en propiedad privada y derecho constitucionalizado, defendido por el Estado, es el poder con que la burguesía funciona como la clase dominante de la conciencia de la sociedad, donde existe como la madre patria.

La clase dominante usa los medios de producción como el arma con que roba la energía de la clase trabajadora y la riqueza que produce con su trabajo. Este valor social es vendido por la burguesía como una mercancía privada por un precio que conlleva ganancia y opulencia para ella y despojo y quebranto para la clase trabajadora.

Imponiendo la ley de propiedad privada de los medios de producción —como la base de las relaciones sociales-el Estado concede a la burguesía poder sobre las demás clases, crea la desigualdad social y esclaviza a la sociedad a la inseguridad del salario, del precio y de la ganancia. La burguesía convierte su ganancia en la moral del Estado y de la Iglesia, que le sirven como santuarios donde su instinto, opulencia y esterilidad son venerados como valores sociales.

2. La burguesía

La burguesía es la clase social de los amos que vive de la explotación de la vida de los esclavos del salario mínimo. La clase trabajadora produce la riqueza social que la burguesía le roba como su propiedad privada a cambio de un salario diseñado para mantener su esclavitud y pagar el tributo al Estado por su "protección" y a la Iglesia por su "salvación".

La existencia de la burguesía depende de la vida de la clase trabajadora, la cual, a su vez, depende de la existencia de la burguesía como la compradora de su trabajo como mercancía. La relación de la burguesía con la clase trabajadora es motivada por su instinto de predadora, obligada a consumir su presa para preservarse y reproducirse. Entre estas clases sociales no puede haber una relación de "hermanos en Cristo" o "hijos de una misma madre patria".

El fin de la burguesía no es mudar su instinto de predador, impulsada por su deseo de evolucionar en un animal noble. Disolverse para pasar a ser una ciudadana igual al proletariado y convertir su ganancia en un bien social tampoco son aspiraciones burguesas.

3. El Estado

El Estado es el legislador y guerrero de la burguesía encargado de convertir su opinión en ley, reprimir a sus antagonistas y hacer la guerra contra sus enemigos. También, es la academia donde la burguesía educa a sus sirvientes: senadores, capellanes, generales, espías, torturadores y asesinos.

La burguesía y el Estado funcionan como un órgano separado de la sociedad y opuesto a los fines naturales de los seres humanos: libertad, igualdad, justicia, bienestar y paz.

El Estado es la frontera armada que separa a la burguesía como su propio país de las demás clases y la protege de su invasión.

4. La Iglesia

La Iglesia es el pastor de la burguesía encargada de espiritualizar su brutalidad y mantener al proletariado arrodillado en su templo, el mercado, en un estado de confusión, miedo al "fuego eterno" y paz con el Dios que posee el poder del tridente del salario, del precio y de la ganancia.

5. El capitalismo

El capitalismo es el modo de vida que la burguesía implantó en la mente de la sociedad después de haber eliminado las costumbres de las demás clases sociales que participaban en el proceso de producción.

El modo de vida capitalista es practicado por la sociedad —animada por la necesidad de sobrevivir— como el medio para alcanzar el fin de posesionarse del lucro que produce la explotación de la clase trabajadora. Esta es la clase de los desposeídos y desiguales de cuyo cuerpo la burguesía extrae la energía con que mantiene su máquina de producción de ganancias.

La injusticia que la burguesía impone en su relación con la clase trabajadora, es decir, el intercambio de trabajo que produce riqueza por un salario desigual en valor, es la verdad del capitalismo que determina su libertad inmoral. El argumento con que la burguesía pretende justificar la injusticia del capitalismo, es decir, que dicho sistema es la organización del instinto de libertad de intercambio de valores del ser humano —sin igualdad de derecho sobre la posesión de los medios de producción—, es una mentira impuesta por el Estado con la guerra de defensa de la fe en la *libre empresa*.

La burguesía y el capitalismo son la causa de la crisis de la humanidad: muerte de millones de personas trabajadoras, destrucción de la Tierra y extinción de especies. La voracidad de la burguesía está consumiendo la fertilidad que la Tierra necesita para poder continuar siendo la cuna de la vida.

Esta crisis puede ser resuelta sólo si la sociedad siente la necesidad de revolucionarse y hacer la revolución ideológica, política, económica, ecológica y moral para extirpar su causa y constituir su naturaleza y cordón umbilical con su madre Tierra como las condiciones para la construcción de un nuevo modo de vida adecuado a su necesidad de continuar evolucionando como civilización.

6. La conciencia de la clase trabajadora

La clase de los productores de la riqueza social que la sociedad necesita para mantenerse y progresar puede realizar la revolución sólo si la entiende como una condición para la emancipación de la sociedad del yugo (propiedad burguesa sobre los medios de producción y desigualdad social) con que el Estado impone la dictadura de la burguesía y la elevación de su desarrollo como especie humana libre y civilizada.

La revolución empezará cuando la clase trabajadora mude la conciencia en que vive como la piel que absorbe el estilo de vida de la burguesía (brutal, egoísta, opulento, estéril, beligerante e inmoral), que retarda el progreso de la humanidad. Esta clase social necesita crear su conciencia con el entendimiento de su estado, desigualdad e injusticia, como el efecto de la lucha de la burguesía, acorazada con el Estado, contra ella para deshumanizarla, debilitarla y eliminar su poder de voluntad para que nunca pueda cambiar su posición en la pirámide social del capitalismo.

El conocimiento de la clase trabajadora de sí misma es la condición para su rebelión. Este es el resultado de una experiencia que no se logra aplicando las prescripciones contenidas en el "Pequeño Libro Rojo" o creyendo, con fervor, en la "Tesis Revolucionaria" de un psicópata autodesignado "Líder Supremo de la Revolución".

La conciencia de clase social tampoco es una vacuna que puede ser inyectada en las venas de la percepción de la clase trabajadora para estimular su rebelión contra sí misma como el esclavo que intercambia trabajo por un salario que usa para pagar a la burguesía el costo de su esclavitud.

La clase trabajadora es el cuerpo-mente sobre el que la burguesía aplica su fuerza para ajustarlo a las condiciones del capitalismo. Sólo a través de su lucha contra la burguesía y el Estado por la justicia en la posesión de la riqueza e igualdad de poder para progresar es que los esclavos podrán mudar la falsa conciencia de igualdad con sus amos.

La mentira de que el voto es el poder con que la clase trabajadora practica su igualdad con la burguesía es convertida en poder político por los legisladores burgueses. Esta es la ceguera política que le impide verse como una clase social propia, obligada por sus explotadores a luchar por su supervivencia como seres humanos con los derechos naturales de los que han sido despojados.

La clase trabajadora necesita transformar su experiencia en el conocimiento de su historia, la lucha de clases y del Estado con que debe construir su partido político. La estructuración de su conciencia —como su corazón en su cuerpo—, por parte de la clase trabajadora, en un instrumento con el cual crear el espacio social donde exponer su programa y organizar la lucha social contra la burguesía y su capataz, el Estado, es el comienzo de la revolución.

El partido de la clase trabajadora no es conformado por personas con una *conciencia de clase pura*, sino por miembros cuyo sentido moral se desarrolló en el capitalismo, el mercado donde la burguesía vende la riqueza que roba a la sociedad, armada con la inmoralidad del derecho del *Estado de Libre Empresa*. Los dirigentes del partido de la clase trabajadora no son *ideológicamente inmunes* a la corrupción que la burguesía irradia como un faro sobre las cabezas de los legisladores, jueces, generales, sacerdotes, intelectuales, políticos y sindicalistas para estimular su deseo de ser como ella y sentir el placer de ser corruptos.

La opulencia, brutalidad, e indiferencia moral constituyen el tridente del poder con que la burguesía domina la conciencia de la sociedad y carcome su sentido de la honradez. La clase trabajadora debe luchar contra sí misma y su partido político para mantener su conciencia bajo su control como el instrumento de una revolución que ha sido derrotada por la corrupción.

El fin del partido político debe ser el mismo que el de la clase trabajadora, es decir, la creación de una sociedad con los derechos naturales de la humanidad: libertad, igualdad y justicia. El poder del partido no debe separarse del brazo de la nación trabajadora ni sustituir su pensamiento por la alterada *Cabeza del Politburó* con que Joseph Vissarionovich Stalin impuso el estalinismo o régimen de terror, con que derrotó a la clase trabajadora mundial y destruyó el socialismo.

La conciencia de la clase trabajadora de la realidad y el diseño de la revolución no debe ser reemplazada por el discurso de su partido político. El deber del partido es someter a la clase trabajadora los instrumentos teórico-políticos necesarios para que discierna al mundo científicamente y se transforme, a través de su práctica, en la fuerza revolucionaria consciente capaz de dirigir a la sociedad hacia su transformación.

La falta de conciencia de que está destinada por la burguesía a sufrir bajo el yugo de la esclavitud ha convertido a la clase trabajadora en la *carne de cañón* de los partidos políticos hambrientos de poder que participan de la explotación de las ilusiones que paralizan su instinto de libertad y rebelión: Dios, patria, voto y trabajo.

Consciente de la crisis de la clase trabajadora y de la suya propia, la pequeña burguesía usa a la clase trabajadora como su *ejército de liberación* porque no tiene la fuerza social, el coraje ni la determinación necesaria para confrontar a su clase social madre con sus demandas. Éstas son: mayor participación en el manejo del Estado y la apropiación de la riqueza de la sociedad para asegurar su continuación a través de la lucha de clases.

El fin de la pequeña burguesía no es disolverse en la clase trabajadora, sino que preservarse para continuar siendo parte de la estructura de la pirámide del poder de la sociedad de *libre empresa*. Su propósito político no es hacer la revolución social, sino que preservar el capitalismo y el Estado como los elementos de la atmósfera social necesaria para su existencia como clase social desigual y opuesta a la clase trabajadora.

La clase de los pequeños explotadores de la clase trabajadora no quiere eliminar la desigualdad social sobre la que erige su imitación del modo de vida opulento de la burguesía y su lucha para llegar a ser igual a su clase social madre en avaricia, brutalidad y vanidad.

Los partidos nacionalistas, estalinistas y socialdemócratas que arrastran el cordón umbilical ideológico pequeñoburgués de los *mencheviques* dirigieron a la clase trabajadora a la derrota y ahora la mantienen prisionera en la cárcel del salario mínimo, de la renta y del voto de la burguesía. Su programa político no es una incitación a la clase trabajadora para que haga la revolución social, sino un plan, derivado de su derrota, de sometimiento a la dictadura de la burguesía por amor a la *madre patria* y esperanza en un futuro mejor.

La clase trabajadora se relaciona consigo misma a través del objeto que conforma bajo la sombra del Estado, que es el cetro de la dictadura de la burguesía. Este régimen es aplicado en forma "democrática" por la burocracia que controla sus sindicatos, vive de sus cuotas y subsidia a políticos en la competencia por el poder para legislar la dictadura de la burguesía.

Esta contradicción de la clase trabajadora es consecuencia de la pérdida de su conciencia propia de clase, la cual es la condición para su reconocimiento de su humanidad, utilidad social y el valor trascendental de su trabajo.

Las personas productoras de la riqueza de la sociedad deben salir de esa sombra y ver que su interés no es el mismo que el de la burguesía y sus agentes laborales y políticos. Este entendimiento es la condición para que empiecen a desarraigarse de la esclavitud que la burguesía les vende como el producto de su inversión en el capitalismo.

La realización del interés social de la clase trabajadora no es la función del Estado que legisla y guarda su esclavitud. Los derechos que constituyen su interés —libertad, igualdad y justicia— no son los pilares del capitalismo ni de la democracia que es su abogado.

Un esclavo está condenado por su instinto a ser libre y, consecuentemente, a ejercer la fuerza superior necesaria para liberarse.

La clase trabajadora necesita retomar su conciencia y posicionarse en la lucha de las clases por la posesión de la riqueza y del poder del Estado como una fuerza en sí y para sí misma. Esta es la condición *sine qua non* de su transformación en clase revolucionaria capaz de resolver su crisis existencial.

El cambio social

El grito simple de una consigna capaz de excitar el cerebro político de la clase trabajadora e impulsarla a la rebelión contra la burguesía no desatará el cambio social. Este es un proceso que empieza cuando la clase trabajadora se da cuenta de que la crisis que la consume es la crisis del capitalismo, que el Estado legisla a favor de la burguesía y le transfunde a través del cordón umbilical que la ata a la falsa idea de la igualdad constitucional.

Si la clase trabajadora corta el cordón umbilical de su dependencia en el Estado como su agente, cambia su conciencia social de sí misma y empieza a construir el objeto de su identidad que es adecuado a su necesidad y aspiración humana, la revolución ha empezado.

La revolución es el movimiento de oposición que genera la fuerza con que la burguesía lucha incesantemente contra las demás clases sociales para apoderarse de la mayor parte de la riqueza que la clase trabajadora produce, y obligarlas a vivir de las migajas del mercado donde vende dicha riqueza como su propiedad privada.

El incremento constante de su poder es el fin con que la burguesía justifica su existencia destructiva, indiferente a la humanidad y moral. Esta es la razón por la que destruye a la humanidad y su elemento natural y cultural, luchando como una adicta enloquecida por su deseo de sentir el placer que produce una mayor cantidad de droga-ganancia circulando en las venas de su opulencia y vanidad.

Esta injusticia social, que el Estado impone como la libertad de empresa a las clases sociales que son los súbditos de la dictadura de la burguesía, es la contradicción que impulsa la revolución. El convencimiento de la clase trabajadora de que la burguesía y el capitalismo son la causa de la crisis que la consume y su rebelión contra el sistema de esclavitud —constituido por la propiedad privada de los medios de producción, el salario, el precio y la ganancia— que el Estado le impone son las condiciones para la revolución.

La mayoría desposeída tiene que convertir su desigualdad e injusticia en los instrumentos con que debe construir su conciencia de clase y desarrollarla en el estado revolucionario en que florece el programa de la revolución social. Éste es el producto histórico de la lucha de la clase trabajadora contra la burguesía por la afirmación de su humanidad y consecuentes derechos naturales. El centro de este plan es la humanidad como sujeto y objeto sensible del mundo, nacido con libertad, igualdad y justicia.

La sociedad necesita conocer el programa de la revolución social como el instrumento con que puede afirmar su humanidad y derechos naturales derrocando las ideas e instituciones que la deshumanizan y se oponen a su desarrollo más allá de los límites de la ley burguesa de propiedad privada sobre los medios de producción impuesta por el Estado.

La revolución es la reflexión filosófica de la sociedad sobre sí misma, desnuda, sin el cordón umbilical artificial de la doctrina de la Iglesia y del Estado. Su propósito es la recuperación de la libertad y la igualdad, los valores propios del ser humano que la clase dominante le ha expropiado y normalizado de acuerdo a su necesidad de poder. Estos valores son la razón de ser de la sociedad, base de su organización, condición de su progreso y única forma de asegurar su justicia y supervivencia.

Esta conciencia de la revolución es el instrumento para recuperar el Estado y los medios de producción de las manos, egoístas y destructoras de la burguesía y restituirlos a la sociedad. De esta manera, la clase trabajadora y las demás clases sociales oprimidas por la burguesía se liberarán del capitalismo que engendra la lucha de las clases sociales por su supervivencia individual, el desempleo, la animalización de la sociedad y la guerra. Libre de la esclavitud de la propiedad privada de los medios de producción, el salario, el precio y la ganancia, la sociedad podrá alimentarse, educarse y progresar en un estado de igualdad.

La revolución como una práctica de la razón, justicia y moral social depende del convencimiento de la sociedad de que el capitalismo es un modo de vida brutal, inmoral y destructivo. Su funcionamiento depende de la formación de los esclavos cuya energía los amos necesitan explotar y convertir en la riqueza con que crean la desigualdad social y corrompen la conciencia del Estado para así satisfacer las condiciones de su existencia.

Sin embargo, dicho convencimiento no es suficiente para revolucionar la raíz de la conciencia social. Por consiguiente, la sociedad necesita convertir su persuasión en una práctica de disensión con el Estado porque este es el aparato que se sobrepone sobre su conciencia con su mentira, opulencia y corrupción romana para que no vea la verdad y haga la revolución.

La revolución del primate humano

La condición insoslayable para la continuación de la existencia del proletariado y de la humanidad es la misma que cuando sus antecesores primates se atrevieron a salir de la cueva a enfrentar a sus predadores. Entoncesse erigieron sobre sus plantas y con sus manos desnudas crearon sus instrumentos de defensa sin consideración temerosa del poder de sus enemigos.

Proletario es una condición de esclavitud contraria a su naturaleza, de la cual el primate humano necesita liberarse derrocando al Estado esclavizador. Este sujeto de la revolución química que produjo su evolución, ahora bautizado y estatizado, necesita hacer una revolución erigiéndose sobre la tabla periódica de su libertad y usar su poder de voluntad atómica para eliminar su conformidad antinatural y ruinosa con Dios y su Estado.

El primate humano fue convertido en proletario por la burguesía, la clase predadora dominante, la Iglesia y el Estado, y enjaulado en confesionarios, fábricas y urnas electorales para conformarlo con "su destino" de esclavo.

La burguesía, sus políticos y curas —encubiertos con togas de patriotismo, fe y esperanza— continúan haciendo la guerra contra el proletariado para satisfacer la condición de su existencia de predadores de su especie. Es decir, desposeer continuamente a sus generaciones de su ser químico original, poder de voluntad y determinación con que lucharon para transformarse en agentes de la conciencia de su evolución.

La contrarrevolución

La contrarrevolución es la fuerza que late en el modo de vida irreflexivo que la burguesía vende en su mercado: consumo y espectáculos. Éste es el cordón umbilical con que mantiene a la sociedad atada a su opinión, que el Estado convierte en ley y orden. Este modo de vida está enraizado en la mente de la sociedad que lo acepta como una práctica de su libertad e igualdad, aunque la deshumanice, enferme y mate.

La relación de las clases sociales dominadas con la burguesía es un acto de sumisión estimulado por su admiración de su poder y deseo de ser como ella: inhumana, deshonesta, injusta, desleal, beligerante e indiferente. Esta relación anómala entre predador y presa es el efecto del autoconvencimiento de las clases dominadas de que la burguesía tiene el encanto y poder que complementan su insuficiencia y mediocridad.

La desconexión moral consigo mismas de las clases sociales formadas por la desigualdad social las debilita y convierte en objetos de la corrupción y ruina del capitalismo, sin nunca haber podido integrarse al exclusivo club de la arrogancia burguesa.

La burguesía existe como producto de la explotación de la vida de la clase trabajadora. Su fin no es ayudar a las demás clases sociales a convertirse en burgueses, sino impedir su progreso apropiándose de la mayor parte de la riqueza de la sociedad. Este dominio social es el efecto de la fuerza que la burguesía ejerce sobre la sociedad armada con el cetro del Estado, el cual es su legislador, juez y ejecutor de su justicia.

A pesar de que la burguesía es su enemigo, las clases sociales dominadas creen en ella como los fieles que creen en Dios, aunque no haga milagros. Esta creencia es el sacramento del bautismo que los sacerdotes burgueses administran a las nuevas generaciones de las clases sociales dominadas.

Los instructores de la doctrina de *libre empresa* forman a los nuevos súbditos de la burguesía como creyentes en su omnipotencia como la fuerza que guía, protege y determina su existencia. Ellos diseñan su mente como el escenario donde ocurre la brutal competencia por la supervivencia como un ejercicio de racionalidad y libertad social, animado por el espíritu de la burguesía.

Alimentando a las nuevas generaciones con sus mentiras como artículos de su constitución, la burguesía perpetúa el condicionamiento de su pensamiento a la aceptación del capitalismo como un sistema social bueno, perfecto e inmutable que la sociedad usa para realizar sus intereses con igual satisfacción.

La contrarrevolución es el sentimiento de fidelidad al capitalismo que la burguesía ha desarrollado en la mente social con los fertilizantes psicológicos de desconfianza en las ideas nuevas ("Es mejor lo viejo conocido que lo nuevo por conocer") y temor al "fantasma del comunismo". Este sentimiento es controlado por el Estado como un mecanismo preventivo de la revolución, el cual activa cuando la burguesía se siente insegura en su relación con las clases que domina.

Los sentimientos de los miembros de obediencia, pertenencia y fidelidad al "Partido

Revolucionario" —consagrado en el cuerpo del "Gran Líder" que proclama ser el "Redentor de la Clase Trabajadora"— son las condiciones para el desarrollo de la contrarrevolución dentro de la revolución. El "Gran Líder" —armado con la "Gloriosa Espada del Terror Rojo"— realiza la "Gran Purga" para bañarse con la sangre de la revolución y convertirse en el Estado.

La contrarrevolución empieza cuando la Policía de la Revolución disuelve al partido en el Comité Central y a este en el Politburó y a este en la mente del "Gran Líder" que enllava la revolución en la cárcel del Estado Nacional.

El estalinismo

El estalinismo es el sistema de represión de la revolución que Joseph Vissarionovich Stalin y sus aliados construyeron durante la guerra sucia que hicieron, con la mentira y el terror, contra la clase trabajadora, sus organizaciones y líderes revolucionarios para fusionar la sociedad con el partido, este con el Estado y este con el "querido camarada Stalin".

Uno de los traductores del estalinismo fue Fidel Alejandro Castro Ruz, quien dijo lo siguiente acerca de Nicaragua y el Frente Sandinista de Liberación Nacional (FSLN) en su discurso del 26 de julio de 1979:

"Cada país tiene su camino, tiene sus problemas, tiene su estilo, tiene sus métodos, tiene sus objetivos. Nosotros los nuestros, ellos los suyos. Nosotros lo hicimos de una manera, nuestra manera; ellos lo harán a su manera".

El estalinismo es la manera de hacer la "revolución" siguiendo el camino de cada país —trazado por la burguesía nacional como su propiedad privada—, eliminando a la clase trabajadora como la clase social susceptible de hacer la revolución social. Esta definición se deduce del consejo del soldado Castro Ruz a los 9 comandantes sandinistas, contenido en el mencionado discurso.

El FSLN empezó a seguir el camino aconsejado por su padrino, Fidel, firmando un pacto con el Grupo de Los Doce representantes de la burguesía nicaragüense —devota admiradora de la burguesía imperialista estadounidense—, en 1974, para gobernar Nicaragua con un programa de colaboración de clases. Los 9 comandantes sandinistas y Los Doce formaron la Junta de Gobierno de Reconstrucción Nacional (JGRN), que asumió el poder del Estado el 19 de julio de 1979.

La JGRN hizo una guerra sucia para purgar a la revolución de revolucionarios. Desarmó a la clase trabajadora, encarceló a sus representantes, expropió su prensa y disolvió sus partidos políticos y sindicatos para someterlos a su programa y así cumplir con la demanda de la burguesía de paz social y ganancias. La política castro-estalinista con que la dirección sandinista eliminó a la clase trabajadora como la clase social de la revolución convirtió al FSLN mismo en germen de la contrarrevolución. La llamada *Guerra Contra* explotó en 1980 con la insurrección de los representantes de la burguesía en la JGRN contra el FSLN.

La teoría sobre cómo no hacer la revolución social —que Castro Ruz, "el soldado de las ideas", dictó a sus devotos admiradores sandinistas— es la justificación de la política estalinista de colaboración con la "burguesía nacional y progresista" que engendró la contrarrevolución en Nicaragua.

El estalinismo y el castrismo —que surgieron de la revolución social como su antítesis— contradicen las siguientes verdades acerca de la universalidad de la revolución y sus condiciones:

A. La revolución es el estado dinámico de la conciencia de la humanidad de su necesidad de transformarse para poder satisfacer la condición de la vida de adaptación y evolución a través de un proceso continuo de ajuste de su modo de vida. Esta conciencia surge de la lucha de las clases sociales entre sí para posesionarse de la parte de la riqueza que necesitan para mantener su poder para existir y resistir la fuerza de la burguesía que las empuja constantemente hacia su ruina, en una economía fundada en la desigualdad.

B. La burguesía lucha contra las demás clases sociales para impedirles que se opongan a su apropiación de la mayor parte de la riqueza con el derecho que el Estado le concede como propietaria privada de los medios de producción de la sociedad y modelo absoluto de la dictadura del capitalismo. El creciente robo de la riqueza por parte de la burguesía y la represión del crecimiento de las demás clases sociales, por parte del Estado, son las causas del agujero negro en que están cayendo las clases sociales desposeídas de su humanidad, igualdad y derecho al bienestar social.

C. La indiferencia del Estado ante la decadencia de la sociedad —el hambre, el sufrimiento, la desesperación, la pérdida de inteligencia y la autodestrucción— es el incentivo que anima a la burguesía a seguir destruyéndola. Los legisladores copulan el poder del Estado con la avaricia de la burguesía mediante la aprobación de la política pública, que facilita la conversión de la pobreza en un gran negocio de la *libre empresa*.

D. Estas son las condiciones para la revolución: una sociedad fundada sobre la ley de la desigualdad, una clase social que vive de la explotación de la vida de otra, el sufrimiento de la clase explotada, un Estado que ordena la explotación y reprime el instinto de justicia de las personas explotadas.

E. La clase trabajadora puede hacer la revolución si se revoluciona, es decir, se arma con su conciencia de clase histórica, y se independiza ideológica y políticamente de sus enemigos (la burguesía y pequeña burguesía) que controlan los partidos políticos y sindicatos que la mantienen esclavizada a las leyes de la desigualdad social —la propiedad privada sobre los medios de producción y el salario mínimo— y la "esperanza en Dios".

F. La revolución no es un evento que depende "de cada país y su camino", sino de la conciencia de la clase trabajadora de dicho camino como la "ruta del esclavo" y su necesidad de eliminarlo por medio de la revolución social.

Epílogo

Un presidente socialista

"El sistema bipartidista no satisface las necesidades apremiantes de los pobres y los trabajadores. Por lo tanto, es necesario un tercer partido político para romperlo." Esta es una respuesta "socialista" al problema social causado por la guerra en curso de la clase capitalista contra la clase obrera para eliminarla como propietaria de la riqueza que produce y del gobierno que apoya.

Un presidente socialista es ahora la respuesta propuesta a la guerra que sigue empujando a la clase obrera al hambre, la falta de vivienda, las enfermedades mentales, la desesperación y la violencia. Las armas legislativas que utilizan los creadores de la guerra son suministradas por el Congreso.

¿Qué hay que hacer? ¿Romper el duopolio político o la mano de la clase capitalista que está estrangulando a la clase obrera?

Los líderes del Partido Demócrata y del Partido Republicano apoyan esta guerra interna con fines de lucro, que intensificaron con su aprobación de la Ley de Libre Comercio de América del Norte (TLCAN). Armada con el hacha del TLCAN, la clase capitalista mató los trabajos que la clase obrera necesitaba para ganarse la vida y apoyar a la República.

Los legisladores azules y rojos se liberaron de su obligación con los trabajadores e invirtieron su moralidad en el plan egoísta y avaricioso de los capitalistas para obtener más ganancias explotando a los trabajadores de otros países con salarios más bajos. Establecieron el TLCAN como su código de ética para las futuras generaciones de legisladores de la libre empresa.

Demócratas y republicanos son los dos engranajes de la máquina de poder de la clase capitalista, que operan con el fin de mantener la desigualdad como condición para la existencia del capitalismo.

El duopolio político es un sistema de gestión del Gobierno como utilidad para el funcionamiento ordenado del capitalismo. El afán de lucro es el valor moral nominal de la moneda política que los miembros del Congreso utilizan para intercambiar el interés público por el clientelismo corporativo como practicantes del arte de la explotación política.

¿Es la corrupción conjunta de la clase capitalista y el Congreso la causa de los incendios de los combustibles fósiles de la desigualdad y la injusticia que están consumiendo a la clase trabajadora?

El Parlamento de los Patricios ha consignado las "necesidades de los pobres y los trabajadores" a la clase capitalista como carne a los leones. Los capitalistas controlan la capacidad de los trabajadores para satisfacer sus necesidades como propietarios privados de alimentos, agua y todo lo demás que necesitan para sobrevivir.

En el intercambio de trabajo por salario, los "libres empresarios" pagan a los trabajadores con dinero cuyo "valor" no es igual al valor de la energía que tienen que acumular para poder invertirla en la producción de bienes. Los explotadores se apropian de los bienes como su propiedad privada y los venden a los explotados por un precio que incluye una ganancia. Este dinero no forma parte de los salarios que los capitalistas pagan a los trabajadores y es la razón por la que no pueden vencer el poder desigual de la ganancia.

La clase obrera crea el poder económico que la clase capitalista utiliza para empujarla a la pobreza y a la parálisis política. Los esclavos de la ley del salario mínimo de los capitalistas también soportan la carga de los impuestos que el Estado invierte en subsidios capitalistas y guerras con fines de lucro.

La desigualdad entre el valor del capital y el valor del trabajo es creada e impuesta por la clase capitalista como un privilegio arrogado con el consentimiento del Estado. Esta es el arma con que los capitalistas despojan a los trabajadores y los obligan a comprar un préstamo de día de pago o vender su plasma sanguíneo para vivir un día más al borde del agujero negro de la economía. Así, la clase capitalista mantiene la necesidad de la clase obrera supeditada a su máquina de producción, consumo, crédito, espectáculo, vicio, violencia, inseguridad y guerra.

La ganancia de la clase capitalista y su satisfacción es el fin último del Estado. Su cetro fue comprado por los cabilderos, quienes lo usaron para crear una Tercera Cámara del Congreso donde escriben políticas públicas que son aprobadas por los legisladores de la Inteligencia Artificial (IA).

Los miembros del Congreso votan a favor de una legislación que convierte al Estado en el supervisor de los esclavos asalariados de la clase capitalista. Los congresistas azules y rojos se corrompen aceptando dinero oscuro y consumiendo opulencia: La droga que anima el estilo de vida imperial de la clase capitalista a la que admiran devotamente.

La corrupción, que es el espíritu del capitalismo, fluye en la conciencia del Congreso a través del olor del dinero esparcido por los grupos de presión, que lo convierten en el valor que une a los "dos lados del pasillo" como una sola arma de la dictadura de la clase capitalista. Este régimen se basa en las leyes de la propiedad privada de los medios de producción y el salario mínimo, que el Estado impone a la vida de la clase trabajadora como emanaciones de libertad e igualdad del Dios con cabeza nuclear en que la clase capitalista deposita su fe en una vida eterna sustentada por ganancias y guerras.

La clase capitalista excluyó a la clase obrera del Congreso Patricio con la ayuda de sus cabilderos disfrazados de legisladores del pueblo con la toga azul y roja enrollada alrededor de sus ociosos cuerpos.

El Estado aprueba la guerra de la clase capitalista contra la clase obrera, cuya vanguardia bipartidista está formada por los líderes del Partido Demócrata y del Partido Republicano. La misión de estos apologistas de la inhumanidad de sus patrones capitalistas es impedir que los trabajadores ejerzan un poder político autónomo manteniéndolos derrotados, empobrecidos y con una esperanza confusa.

El sufrimiento que causa el capitalismo es presenciado con indiferencia por los legisladores que votan juntos a favor del bienestar corporativo, las invasiones imperialistas, la ayuda militar a dictaduras extranjeras, la tortura, las prisiones secretas y el plan de las corporaciones de combustibles fósiles para quemar la Tierra hasta las cenizas.

Estos traficantes de políticas públicas han reemplazado la República con la Corporación en preparación para el advenimiento del salvador fascista del capitalismo.

Esta es la razón por la que la satisfacción de las "necesidades apremiantes de los pobres y los trabajadores" no es una política de prioridad nacional para el Congreso de los jugadores millonarios de la Bolsa.

El "sistema bipartidista" es el flautista de Hamelín, ideológicamente unido, de la clase capitalista que atrae a los trabajadores haciéndoles creer que tienen una opción con respecto al color de la máscara del verdugo político (azul o rojo) el día de las elecciones. Este bipartidismo a través del pasillo de la corrupción del Congreso no puede romperse sin revolucionar el capitalismo. Esta máquina de lucro y guerra funciona con el soporte de sus sensores demócratas y republicanos, cuyo propósito es monitorear la conformidad de la clase obrera con los deseos de la máquina.

La revolución que se requiere para recuperar la República y restaurar la justicia como su utilidad social puede ser hecha por la clase obrera. Sin embargo, primero debe reactivar su conciencia de clase, recuperar su poder y poner fin a su relación de autosabotaje con los partidos políticos y los sindicatos cuyos líderes existen para absorber los vicios e imitar el estilo de vida imperial que la clase capitalista construye para sí misma con la riqueza que roba con su colaboración.

Las personas esclavas de la clase capitalista deben luchar por su emancipación creando su propia identidad política y espacio social, donde puedan levantar la bandera de sus demandas de igualdad y justicia de manera independiente.

Para satisfacer sus necesidades de clase, las personas que producen la riqueza social deben centralizar su poder como una clase autónoma en un sindicato para luchar por sus vidas; romper el contrato entre los dirigentes de los sindicatos y los partidos políticos de la clase capitalista; derrocar los límites de la burocracia sindical que las dividen en sindicatos con intereses separados; derrocar la institución de la clase capitalista llamada salario mínimo y apoderarse del valor total de su trabajo; y eliminar el contrato de trabajo de dos niveles.

Esta es la única forma en que la clase obrera puede recuperar su poder y ejercerlo para liberar la democracia del duopolio Demócrata y Republicano y evitar que la clase capitalista la empuje al páramo industrial.

La democracia ha sido tomada por los cabilderos que dieron un golpe de Estado contra el pueblo trabajador como detentadores del poder de la República, con la ayuda del Congreso que aprobó el TLCAN. Ellos han adaptado el Gobierno a la corrupción de la clase capitalista, que el "bipartidismo" ha asimilado sin ninguna reacción moral.

El Gobierno del Pueblo no existe como el poder del pueblo que actúa en interés del pueblo. El poder de la democracia y su aplicación a la construcción de la igualdad y la justicia han sido robados al pueblo por los representantes que eligieron, creyendo en sus promesas de campaña.

Uno de los efectos de esta contrarrevolución fue revelado por los jueces de la Corte Suprema, que eligieron a George W. Bush como presidente, en el año 2000. Para entonces, la clase capitalista había expandido sus raíces de corrupción en la Corte, donde encontraron un terreno fértil en la conciencia de los jueces, que actuaban armados con su sentido imperial de propiedad de la democracia y superioridad sobre el pueblo. Su opinión autocrática fue aceptada por los líderes del Partido Demócrata en el espíritu del capitalismo bipartidista y la cooperación con los líderes del Partido Republicano.

Las personas trabajadoras que pagan impuestos al Gobierno que los despoja del "pan y de la democracia" deben recuperar la República, luchando por su derecho a: a) voto popular directo en las elecciones presidenciales; b) eliminar el Colegio Electoral; y c) impedir que la Corte Suprema actúe como regulador imperial del funcionamiento de la democracia. El pueblo necesita tener su propio mecanismo democrático mediante el cual pueda ejercer un control directo sobre el sistema electoral sin necesidad de vigilancia policial.

La clase obrera necesita construir un gobierno que pueda usar para cultivar una vida de satisfacción, ilustración, progreso y paz con su mente y sus manos. Las personas trabajadoras pueden lograr este objetivo sólo si se movilizan para cambiar sus relaciones empobrecedoras con el capitalismo, la democracia capitalista y el "sistema bipartidista", que son las fuerzas de la clase capitalista que las disuaden de rebelarse.

Un presidente socialista, armado con una plataforma hecha de "esperanzas socialistas", no romperá el poder de la clase capitalista sobre la economía, el Congreso, la Reserva Federal y la maquinaria de guerra. Esta tarea puede ser llevada a cabo sólo por la clase obrera porque es la única manera en que se salvará de ser consumida, "con huesos y todo", por el ogro capitalista.

Acerca del autor

Humberto Gómez Sequeira-HuGóS nació el 12 de marzo de 1949 en la reducción Xalteva o Barrio La Otra Banda de Granada, Nicaragua.

La niñez de HuGóS fue modelada por las dictaduras de Anastasio Somoza García, el tal "Tacho", y de la Iglesia Romana Católica Colonialista (IRCC). La primera fue creada como un arma del Imperio Yanqui durante su guerra de ocupación de Nicaragua. Y la segunda fue impuesta por el Imperio Español como el alma de la sociedad colonial que construyó con la guerra de conquista, despojo y cristianización de las naciones indígenas.

El Imperio Yanqui nombró a "Tacho" "buen vecino" y "General" de la Guardia Nacional (GN) durante su ocupación de Nicaragua con el Cuerpo de Infantería de Marina. La ocupación fue una operación de ajuste ideológico de la mente de la antigua colonia del Imperio Español para que reconociera al Imperio Yanqui como su nuevo Señor.

La IRCC bendijo las armas de los Marines Yanquis mediante el oficio de Canuto José Reyes y Balladares, el Obispo de la Diócesis de Granada.

"A mediados de febrero (de 1928) ese sacerdote bendijo las armas del batallón norteamericano que partía a acabar con el bandido Sandino". Gregorio Selser: "Sandino, general de hombres libres".

Oficiales de la Marina Yanqui entrenaron a la GN —como una especie de *Quinta Columna Indígena Descalza*— y la integraron a la guerra que su gobierno hizo contra el Ejército Defensor de la Soberanía Nacional de Nicaragua (EDSN). El ejército invasor fue derrotado por el EDSN en 1933, forzando al Imperio Yanqui a relevarlo con la GN y nombrar a "Tacho" como su Jefe Director.

El "General" manejó a la GN como la nueva fuerza de ocupación de Nicaragua y el fusil con que realizó su ambición de apoderarse del país y de su riqueza y convertir la mentira en verdad y la corrupción en decencia. Su primera orden fue el asesinato de Augusto César Sandino, Francisco Estrada y Juan Pablo Umanzor, líderes del EDSN, para satisfacer la condición para el desarrollo de su dictadura como la continuadora de la lucha del Imperio Yanqui para alcanzar los objetivos de su ocupación de Nicaragua.

La dictadura de "Tacho" fue modelada por los embajadores de la doctrina del "Destino Manifiesto" como esbirro católico romano del Imperio Yanqui. Su encargo fue convertir el Estado en esclavo de la "Diplomacia del Dólar" de los banqueros imperialistas y punta de lanza de su ambición de dominio de Centro América.

Este es un pasaje de la historia de la artificial sociedad colonial y católica romana que los conquistadores erigieron encima de las tumbas de las naciones indígenas con el derecho que se arrogaron como los vencedores de una guerra santa de saqueo.

La clase que domina esa fraternidad son los herederos del pillaje que convirtieron en riqueza bien habida con la aprobación de la

Iglesia y el Estado como su derecho y moral de su opinión sobre el manejo de las cosas de Dios y del Gobierno. Sus ascendientes se ennoblecieron cambiando sus nombres de ladrones sinvergüenza a "Próceres de la Patria" para escribir la Constitución de un Estado enraizado en la violencia, la corrupción, el racismo y la desigualdad e injusticia social.

La reducción Xalteva era un satélite humano empobrecido en las afueras del círculo del poder, que era la frontera social que los arquitectos de la colonización dibujaron con pólvora y sangre indígena. Su posición era mantenida por las dictaduras con su doctrina común de hambre, oscurantismo, represión y miedo de la GN y de Dios. Ahí, HuGóS pasó su infancia como un heliotropo de frágil imaginación que pudo adaptarse a una atmósfera incompatible con su naturaleza.

HuGóS se graduó, *cum laude*, de Bachiller en Ciencias, Letras y Filosofía en el Colegio Salesiano San Juan Bosco de Granada, Nicaragua, en 1968.

En los Estados Unidos de América (EUA), estudió inglés y ciencias políticas en *Los*

Angeles City College, Los Angeles, California, donde alcanzó la categoría académica de miembro del *Cuadro de Honor del Decano* en el otoño de 1975.

El autor también es poeta, ensayista y artista de fotografía digital. Su primera colección de poemas, titulada *En transición hacia la poesía*, fue publicada en la ciudad de Los Angeles, California, EUA, en 1974.

Por su obra poética, HuGóS recibió los premios siguientes:

- Certificado de Excelencia en Poesía, otorgado por Teresinka Pereira, directora de la Sociedad Internacional de Poesía de la Universidad de Colorado, en Boulder, CO, EE.UU.

- Primer Premio de Poesía, concedido por Lillian Walsh, editora de For Poets Only, revista de poesía publicada en Jackson Heights, Nueva York, EUA.

Sus poemas han aparecido en *La Prensa Literaria* de Managua, Nicaragua, y en revistas como *Free Venice Beachhead* de Venice, California, EUA, *Poetalk de Berkeley*, California, EUA, *The Plowman* de Whitby, Ontario, Canadá, y *Estrella del Sur* de Paterna, Valencia, España.

HuGóS ha publicado sus libros en Amazon y Google. Sus obras literarias pueden leerse en Scribd, SlideShare y WordPress en el Internet. Y su obra fotográfica digital puede verse en Deviantart.